SIDERAR, CONSIDERAR

SIDERAR *verbo* 1. *transitivo direto* deixar sem ação; estarrecer, paralisar, fulminar. 2. *transitivo direto fig.* causar perturbação em; atordoar.

CONSIDERAR *verbo* 1. *transitivo direto e pronominal* olhar(-se), fitar(-se) com atenção e minúcia. 2. *transitivo indireto bitransitivo e intransitivo p. ext.* refletir sobre (algo, alguém ou sobre si mesmo); pensar.

MARIELLE MACÉ
SIDERAR, CONSIDERAR

migrantes, formas de vida

Tradução e apresentação
Marcelo Jacques de Moraes

TÍTULO ORIGINAL *Sidérer, considérer*
© Éditions Verdier, 2017
© Bazar do Tempo (edição brasileira), 2018

Todos os direitos reservados e protegidos pela
Lei n. 9610 de 12.2.1998. É proibida a reprodução total
ou parcial sem a expressa anuência da editora.

Este livro foi revisado segundo o Acordo Ortográfico da
Língua Portuguesa de 1990, em vigor no Brasil desde 2009.

EDITORA Ana Cecilia Impellizieri Martins
COORDENAÇÃO EDITORIAL Maria de Andrade
PREPARAÇÃO DE ORIGINAIS Silvia Massimini Félix
REVISÃO Daniel Guimarães
PROJETO GRÁFICO Thiago Lacaz
FOTO DA CAPA "Barco com imigrantes na costa da Líbia, julho de 2015", Paolo Pellegrin/Magnum Photos

BAZAR DO TEMPO
Produções e Empreendimentos Culturais Ltda.
rua General Dionísio, 53, Humaitá
22271-050 Rio de Janeiro RJ
contato@bazardotempo.com.br
bazardotempo.com.br

APRESENTAÇÃO
Pensar entre bordas e fronteiras 9
Marcelo Jacques de Moraes

Bordas em pleno centro 15
Siderar, considerar 27
Poesia e ira 33
Considerando 41
A franja e a prova 51

REFERÊNCIAS BIBLIOGRÁFICAS 61
SOBRE A AUTORA 65

APRESENTAÇÃO
**PENSAR ENTRE
BORDAS E FRONTEIRAS**

Marcelo Jacques de Moraes

No prefácio ao dossiê intitulado *Nous* [Nós], que coordenou recentemente para a revista *Critique*, Marielle Macé sublinha a importância de discutir o sentido do apelo a esse "pronome político" em nosso mundo atravessado pelo "problema histórico e filosófico das identidades coletivas". Em seu próprio artigo, que abre o volume, ela especula sobre o que, em última instância, é possível nomear em torno de um "nós": um "nós", diz ela, "não é decididamente a palavra final", mas, antes, "o nome de uma causa, de uma luta, de uma tarefa, mais do que o de um pertencimento ou identidade". Portanto, um "nós" não é apenas um somatório de sujeitos individuais que configurariam um conjunto mais ou menos pacificado e assim separado da multidão, mas um horizonte de construção de uma vida comum passível de ser compartilhada por diferentes "formas de vida" divididas e em conflito, e que permite que estas, reciprocamente, se qualifiquem e assim se constituam – ou melhor, lutem para se constituir – como "sujeito coletivo":

Não há virtude mecânica do nós, nós vale apenas aquilo que vale a causa que ele põe diante de si mesmo. Talvez então ele só valha lançado com fervor (com ira e alegria) em verdadeiras aventuras de emancipação. Ao dizer nós, digo o que mais me importa, aquilo por que estou pronto ou pronta para lutar: aquilo que preciso defender ou acusar para preservar meu amor pela vida.

Talvez essa seja uma das questões primordiais entre as que vêm sendo tratadas nos livros de Macé.

Em *Siderar, considerar*, seu último livro, lançado na França em 2017, não é outra coisa que está em jogo. Transitando como sempre entre a literatura, a poesia, a filosofia e as ciências sociais, Macé reflete aqui, com base na experiência francesa cada vez mais intensa de coabitação cotidiana com migrantes e refugiados oriundos da África, da Ásia e dos países do Leste Europeu, sobre as possibilidades de se engajar hoje na "causa", na "luta", na "tarefa" em torno do projeto de uma vida comum a partir da qual um "nós" possa, incessantemente, se arriscar, se relançar.

Para tanto, Marielle Macé reivindica uma "atenção" e um "cuidado" vigilantes em relação a essas "formas de vida" que são vividas como que provisoriamente, como que à espera – à beira, na borda – de um futuro que não chega. Um cuidado sobretudo em relação a essas vidas que nos parecem "inviáveis", a essas vidas que,

vividas sob condições de imensa indigência, imensa destruição, imensa precariedade, têm [...] de ser vividas, pois cada uma delas é atravessada em primeira pessoa, e todas devem encontrar os recursos e as possibilidades de reformar um cotidiano: de preservar, experimentar, erguer, melhorar, tentar, chorar, sonhar até um cotidiano: essa vida, esse vivo que se arrisca na situação política que lhe é imposta.

A exigência da autora é a de passar da "sideração" – que, diante da "tenacidade" ou da "obstinação" dessas bordas, nos deixa "medusados, petrificados, enclausurados", confinando-nos "na borda de nosso próprio presente" – à "consideração", que nos permite lidar com a potência própria à "vulnerabilidade" dessas vidas tão "absolutamente vivas" quanto as nossas e, por isso mesmo, rigorosamente "iguais" às nossas, da mesma maneira "insubstituíveis". E, assim, pleitear um futuro.

Para "nós" que, do lado de baixo do Equador, também nos encontramos (ainda que de outro modo, talvez ainda mais cruel) submetidos ao explosivo contato com as bordas e fronteiras internas e externas de um país historicamente marcado pela mais brutal desigualdade, bordas e fronteiras que aprofundam cotidianamente o abismo que nos impede com tanta frequência de fazer "nós" com aqueles com os quais vivemos "lado a lado" e a quem não deixamos de ser completamente indiferentes, para "nós", as "belas iras" evocadas por Marielle Macé não deixarão de revelar "os valores e os bens que nos dividem, os objetos necessários de nossos conflitos".

Haveremos de nos encontrar, através deste pequeno

livro, com o quinhão de violência de que somos de algum modo cúmplices e que nos sidera dia após dia, mantendo-nos à distância das vidas que incessantemente desnudamos e desqualificamos – desconsideramos...

MARCELO JACQUES DE MORAES é professor titular de Literatura Francesa na Universidade Federal do Rio de Janeiro (UFRJ), pesquisador do CNPq e da Faperj. Traduziu diversos escritores e ensaístas franceses, entre os quais Georges Bataille, Christian Prigent, Philippe Lacoue-Labarthe, Georges Didi-Huberman e Jacques Derrida. Publicou recentemente a coletânea de ensaios *Sobre a forma, o poema e a tradução* (2017).

SIDERAR, CONSIDERAR

BORDAS EM PLENO CENTRO

No cais de Austerlitz, em Paris, estabeleceu-se durante alguns meses um campo de migrantes e refugiados que foi destruído em setembro de 2015, mas onde rapidamente algumas barracas voltaram a se instalar; um campo discreto, não muito visível, pouco midiatizado. O cais de Austerlitz, portanto, à beira do Sena, abaixo da estação de trem de mesmo nome. Bordas em pleno centro, bordas internas da cidade (da cidade vivida, cotidiana, atravessada, investida), bordas da visibilidade, bordas do tempo, bordas do direito; foi, aliás, uma multidão de bordas que se sucederam e se obstinaram ali, numa história que já está, contudo, como que submersa e engolida nessas margens.

O campo de migrantes de Austerlitz não era o mais visível em Paris; havia, no entanto, algo de siderante em sua própria localização; ele se situava abaixo e como em contraponto, se posso dizer assim, de outro lugar bastante visível: a Cidade da moda e do design – espécie de navio verde-ácido, pesado, cru, imponente, cheio de si, insolente, postado diretamente sobre as margens do

Sena; o campo se estabelecera bem em frente, sob a escada que levava das margens do rio até uma espécie de discoteca ao ar livre integrada a essa Cidade da moda, a Wanderlust, cuja rede wi-fi podia ser captada pelos migrantes durante algumas horas por dia. À beira da moda, portanto, com sua ideia própria do bem, do que é o bem, nesse caso os bens sobre os quais muitas vezes jaz o bem em nossa forma de vida cotidiana (nossa forma de vida, a nossa, e isso já é uma vacina contra qualquer tentação de bancar o esperto, ou o virtuoso, uma vez que essa deplorável Cidade da moda expressa muito bem algo profundamente nosso e compartilhado). De todo modo, uma espécie de indiferença recíproca estava forçada a se instalar nessas bordas, uma vez que era preciso muita vontade (ou apenas incômodo, sideração) para invisibilizar aqui o campo; e, acessoriamente, era preciso muita força d'alma ou apenas esgotamento para conseguir dormir debaixo da pista de uma discoteca. Esse campo, e essa Cidade, também estavam situados diante da sede do Natixis, o banco de financiamento e gestão de serviços do Banco Popular – um banco de banco, um banco ao quadrado. Um campo de migrantes viveu assim durante vários meses à beira do que nosso modo de vida e seu império de trocas e de visibilidade pode ter de mais *cru*.

Porém há mais: coisas em que, de imediato, não se pode evitar pensar. Esse campo de Austerlitz ficava também a algumas dezenas de metros da BnF, a Biblioteca Nacional da França, a Enorme Biblioteca; ele se instalara a algumas dezenas de metros dessa cenografia ao mesmo tempo esplêndida e inabitável, com seus quatro livros emparedados, erguidos e abertos uns sobre os outros, livros que não são para se ler mas para se olhar medusado, livros que são depósitos de livros, já que seus leitores foram, por sua vez, alocados no subsolo, à beira de um jardim inacessível onde, durante os primeiros anos, caíam diante de nossos olhos (se me lembro bem), pendurados por pesados cabos, os cedros do Japão que curiosamente tinham sido levados até ali, até o solo parisiense que não os queria e não os alimentava.

E isso não é tudo, pois foi também a algumas dezenas de metros do campo de migrantes e, portanto, da BnF, precisamente no número 43 do cais da Estação, que, durante a Segunda Guerra Mundial, os ss abriram o chamado "campo anexo de Austerlitz". Foi para lá, bem perto da estação de onde tinham partido alguns dos primeiros trens de deportados, que se transportaram os bens pilhados dos judeus; era nas prateleiras dessa outra biblioteca, uma espécie de armazém geral nazista, que se reuniam os livros, as coleções e os objetos espoliados e em trânsito para a Alemanha (por exemplo, os de Marc Bloch ou os do filho de Durkheim); dizem que havia até mesmo uma seção "Inferno", ditada por um obsceno movimento de pudor, nesse lugar de espoliação à beira do qual, cinquenta anos depois, se edificou a nova BnF.

W. G. Sebald, o romancista da melancolia (seria melhor dizer, com o jovem poeta Romain Noël, da melanco-ira),[1]

---

[1]. N. do T.: No original, *melancolère*. Como minha opção será, ao longo

dedicou a essa coincidência exorbitante algumas linhas de seu último romance, *Austerlitz*; algumas linhas apenas, mas impressionantes e acusadoras:

> *No terreno baldio em que se eleva hoje essa biblioteca, delimitado pelo triângulo da estação de Austerlitz e da ponte de Tolbiac, havia até o fim da guerra um vasto depósito em que os alemães reagrupavam os bens pilhados dos apartamentos dos judeus parisienses.* [...] *E ali, no terrapleno de Austerlitz-Tolbiac, amontoou-se a partir de 1942 tudo o que nossa civilização moderna produziu para o embelezamento da vida ou o simples uso doméstico, das cômodas Luís XVI, da porcelana de Meissen, dos tapetes persas e das bibliotecas completas até o último saleiro ou pimenteiro...*

Sebald exagera, é claro, pois não se trata exatamente do mesmo local – um local não recobriu o outro, não fica em seu lugar; mas pouco importa, já que foi assim que ele nomeou esse encontro, tão trágico e próprio ao século passado, entre a história da cultura e a das violências de massa, entre a literatura e as vidas vividas em condições de destruição. Pois a cultura, desde então, diz respeito àquele que André Malraux tinha chamado de "homem precário" (*L'Homme précaire et la littérature*

---

do texto, traduzir *colère* por "ira" (e não por "cólera"), pareceu-me lógico fazê-lo desde já. O hífen se justifica para facilitar o reconhecimento da composição da palavra pelo leitor.

[O homem precário e a literatura] é o título de seu último livro, que dizia à sua maneira que o leitor, desde então, era um homem de humanidade precarizada, alguém tão mutilável, exilável e perdível quanto seus livros). A cultura moderna fala de nossa vulnerabilidade, fala à nossa vulnerabilidade, e a vizinhança exorbitante entre o campo anexo de Austerlitz, a BnF e um acampamento de migrantes diz algo sobre isso, assim como sua proximidade com a Cidade da moda e do design; é ela, aliás, que se ocupa desses objetos "de embelezamento da vida" e de "uso doméstico" de que fala Sebald, e com os quais comprometemos boa parte de nossa própria forma de vida.

Nesse encontro exorbitante entre o exílio, a perseguição, a biblioteca e os sonhos embainhados nos belos objetos, é inevitável pensarmos em Walter Benjamin, cujos documentos talvez tenham transitado pelo campo anexo de Austerlitz. Benjamin, que sentira muito cedo, ainda jovem, o que chamava de "necessidade interior de *possuir* uma biblioteca", dedicou muitas páginas e muitos dias a embalar e desembalar sua biblioteca; passou por essa situação várias vezes na vida, e de maneira cada vez mais dramática, desde a imigração para Paris em 1933, quando deixou a Alemanha (como Spitzer, Auerbach e todas essas figuras que assumiram no curso do século a espantosa ligação entre a filologia e a política), até o suicídio em setembro de 1940 em Port-Bou, no momento em que tentava partir para os Estados Unidos, fugindo da Gestapo. Sua vida foi pontuada por exílios e tentativas de salvar os livros pacientemente acumulados; foi marcada pela dupla história dos deslocamentos e das leituras, da qual dão testemunho os cadernos que ele sempre manteve, aqueles "repertórios errantes" hoje disponíveis nos quais anotava apenas os títulos das obras e os locais de leitura (n° 1711 e penúltimo: *Au château d'Argol* [No castelo de Argol], de Julien Gracq, publicado em 1938). A substituição dos locais uns pelos outros se acelera e mostra a que ponto os abrigos de Benjamin se tornaram cada vez mais precários (Jennifer Allen relata ao menos quinze mudanças de endereço entre 1933 e 1938), ao mesmo tempo que sua biblioteca ia se desfazendo, se reduzindo. Mas Benjamin sempre tentou salvar algo dela, enviando-a para locais seguros ou – mas é a mesma coisa – deixando parte dela na casa de amigos (dos Brecht, na Dinamarca, por exemplo, e Bertolt Brecht tinha medo de nunca mais se encontrar com Benjamin quando este tivesse conseguido recuperar seus livros). Ele não conseguiu, porém, lutar contra a dispersão; primeiro abandonou seus manuscritos; depois, fugindo rumo à Espanha, só pôde levar sua máscara de gás e artigos de primeira necessidade. Como se tivesse carregado nos ombros essa tragédia da cultura que marcou todo o século, e que Sebald continua a ancorar nas plataformas da estação de Austerlitz e nas desmemoriadas prateleiras da biblioteca que ali se ergue nos dias de hoje.

A história de Benjamin, tanto entre os livros quanto entre os lugares, talvez tenha sido a de um constante e violento despojamento; contudo, ele não cessou de refletir sobre a felicidade do "colecionador", sobre aquele que conhece a alegria de possuir "pelo menos uma coisa bela para si", e que, diante do "mundo das coisas", tendo as coisas em mãos, parece "atravessá-las com o olhar para atingir sua distância" e adquire assim "uma aparência de velho". Há efetivamente um mundo das coisas, um canto das coisas, uma magia nas coisas (Pasolini falava do sonho de uma coisa: *il sogno di una cosa*). Aliás, Benjamin não colecionava apenas livros – livros de crianças, livros de doentes mentais, "romances de criadas", "obras *gauches*" –, mas também cartões-postais, brinquedos antigos (dentre eles: móveis minúsculos para casas de bonecas fabricadas por prisioneiros siberianos)... todos aqueles objetos nos quais se recolhe uma promessa de felicidade, que dão um aspecto bem particular ao próprio fato de possuir, uma profundidade espiritual à vida material, um peso moral aos objetos. Benjamin é aquele que nos abriu definitivamente para a vasta ideia de que as coisas sonham, de que elas nos sonham. (Esse sonho das coisas, e todos os pequenos objetos que interessaram a Benjamin, mais uma vez se unem de modo estranho às preocupações de uma Cidade da moda e do design, um pesado palácio da visibilidade que é decididamente difícil retirar da cena.)

E é a partir de todos esses rastos, portanto, numa esteira absolutamente contraditória, que não pode ser reportada a um único e majestoso barco mas a tudo que se mistura, se choca e se disputa em nossa forma de vida (é nesse plano das formas de vida, aliás, que se formula hoje o essencial de nossas incertezas, nossos diferendos, nossas reivindicações), é a partir de todos esses rastos que se escreveu a história do cais da Estação, siderante – mas talvez todas elas o sejam.

De fato, são siderantes essas vizinhanças, em sua indecência, entre bolsões de espaço que não devem se comunicar, e o fazem tanto melhor (não se comunicar) na medida em que tudo isso se desenrola à beira de um rio, formando uma espécie de contraforte, no recanto de uma curva sombreada e lenta do espaço urbano; é siderante essa repetição de um campo "em" outro campo (como ocorre com frequência em Rivesaltes,[2] por exemplo); é siderante essa espécie de tenacidade ou obstinação das bordas de se tornarem ainda mais bordas; é siderante essa memória que luta para se constituir; é siderante essa evidência da impossibilidade de pôr-se lado a lado.

2. N. do T.: Campo militar fundado em 1935, perto da fronteira com a Espanha. Teve diversos usos até 2007. Entre 1939 e 1942, sob o comando do governo de Vichy em colaboração com os alemães, foi campo de internação de "estrangeiros indesejáveis", em especial de refugiados espanhóis, judeus e ciganos, muitos dos quais foram mais tarde enviados a Auschwitz. A partir de 1942, torna-se caserna para as tropas alemãs e, ao fim da guerra, campo de prisioneiros alemães. Mais tarde, nos anos 1960, foi campo de refúgio para os militares argelinos que lutaram junto às forças francesas na Guerra da Argélia. E também de militares vindos do Senegal, da Costa do Marfim, do Niger. Entre 1986 e 2007 foi um centro de detenção de imigrantes expulsos do país. Em 2015, foi inaugurado o museu-memorial do campo.

Poderíamos colocar tudo isso sob o signo de uma palavra: *limítrofe*. "Limítrofe" vem do latim *limes* – o limite, a fronteira – e do grego *trophê* – a ação de nutrir, o alimento. Eram chamadas de *limitrophi fundi* as terras atribuídas aos soldados estacionados nas fronteiras a fim de poder assegurar ali sua subsistência. O limítrofe é aquele que se mantém na borda, no limite, o que vive na fronteira e faz nela sua estadia; é o que se nutre no limite e se nutre *do* limite; mas é também, de certa maneira, o que nutre o limite, espessa e adensa a fronteira (como sabe Michel Agier, que mostrou o quanto as fronteiras, com mais frequência do que são atravessadas, são habitadas e armadilhadas, sobretudo hoje), e, ainda, o que agrava o limite e complica seu sentido. Penso, com Peter Szendy, na torsão que Derrida imprimia ao termo em *O animal que logo sou*. Ele propunha "dar a essa palavra um sentido a um só tempo amplo e estrito: o que avizinha os limites mas também o que nutre, se nutre, se mantém, se eleva e se educa, se cultiva nas bordas do limite". E acrescentava: "a *limitrofia*, eis então o tema. [...] Tudo o que direi não consistirá de modo algum em apagar o limite, mas em multiplicar suas figuras, em complicar, espessar, deslinearizar, dobrar, dividir a linha justamente fazendo-a crescer".

Algo dessa ordem está em jogo às margens do Sena, nas bordas da cidade e da vida visível, onde um espaço abeira espaços completamente diferentes, onde um tempo resvala em tempos completamente diferentes; mas também, e acima de tudo, onde espaços, tempos e grupos humanos se abstêm uns dos outros, no confinamento de alguns no seio de um estreito enclave e na inencontrável experiência de pôr-se lado a lado. Ora, pôr lado a lado é justamente a tarefa política corriqueira; era, para Claude Lefort, a ideia básica da democracia: antes mesmo da relação, de fato, o lado a lado, o pôr-se lado a lado – para tanto, é necessário lidar com os outros, acordar-se no desacordo. Lefort acrescentava que desse ponto de vista não seria possível localizar o homem *na* sociedade: não há algo como a sociedade, que seria um continente, como um país *no* qual nos manteríamos. Só há movimentos de ir para ou de abster-se de, ou na melhor das hipóteses de resvalar...

E pode-se ainda dizer isso com as palavras do poeta Claude Mouchard, que se pergunta no "panfleto-poema" intitulado *Papiers!* [*Documentos!*]: "Que borda nos separa – a nós franceses, europeus, ocidentais – daqueles que, vindos da África, da Ásia ou de diferentes países do Leste, tentam desesperadamente atravessá-la? Essa borda não é feita apenas de fronteiras, arames farpados ou campos de retenção. Sentimos que ela passa no meio de nós, um pouco em toda parte, nas cidades ou no interior. Ela se deixa sentir em toda parte entre nós – em nossa vida ordinária – e eles... Ela sulca e transforma o 'dentro' comum, passa em meio a tudo o que nos permitiria cegamente acreditar que estamos 'entre nós'." Nossa borda, de fato, não é apenas uma questão de espaços, são os barcos deslizando para nossas costas, são todos aqueles que chegam, que nos chegam e nos acontecem, é uma borda que nos transpassa, nos divide, nos revela dilacerados e disjuntos; o "nós" e o "dentro" interrompidos pelo que vem, a borda fazendo "irrupção e interrupção" em pleno centro. Essas bordas que não são mais bordas, e sim feridas da cidade, reveses da cidade na cidade, mas também, e ainda, vertentes da vida, lados do mundo, bons ou maus lados de um mesmo mundo.

SIDERAR, CONSIDERAR

É preciso permanentemente pensar nisso e em tudo o que estiver relacionado (como Baudelaire: "Andrômaca, penso em você [...], nos cativos, nos vencidos!... e em muitos outros mais!"), pensar nesse acampamento a mais em plena Paris, nos limiares multiplicados, nos espaços inabitáveis e contudo habitados, nos migrantes que apreendemos por suas penas e perdas, que percebemos apenas como espectros, no impossível lado a lado, na memória fraquejante, com o sentimento de sideração que nasce disso tudo e a violência que essa sideração autoriza cotidianamente.

Mas eu gostaria de tentar também um caminho diferente, ou recíproco, como diria Hannah Arendt: tentar falar das vidas que se mantêm, que tentam se manter ou têm de se manter em pleno acampamento; de migrantes que não apreenderíamos apenas por sua invisibilidade e por sua distância em relação à maior parte de nossas vidas (migrantes aos quais acontece isso que a nós não acontece, ou não dessa forma); mas a quem nos reportaríamos também por seus gestos, seus sonhos, suas tentativas e sua experiência; e então, e sobretudo, falar do movimento não mais de sideração, mas de consideração que deveria também nos animar. Movimento de consideração, isto é, de observação, atenção, delicadeza, cuidado, estima, e consequentemente de reabertura de uma relação, de uma proximidade, uma possibilidade.

Pois siderar, deixar-se siderar, como é preciso fazer, por tudo o que é de fato e sem trégua siderante é, no entanto, também permanecer medusado, petrificado, enclausurado numa emoção que não é fácil transformar em moção, aterrado numa hipnose, numa estupefação, num enfeitiçamento em que se esgota de algum modo a reserva de partilha, laços, gestos que poderiam ser alimentados pelo conhecimento que temos dessas situações mas que permanece como um sofrimento à distância. Não é pouca coisa, como mostrou Luc Boltanski, o "sofrimento à distância"; pois algo nele enclausura aqueles que chegam no lugar em que já estão confinados, e nós mesmos corremos o risco de permanecer na borda, na borda de nosso próprio presente, de suas multiplicidades e daquilo que nele nos solicita. "Considerar" seria, ao contrário, ir ver ali, levar em conta os vivos, suas vidas efetivas, uma vez que é desse modo e não de outro que essas vidas são furtadas ao presente – levar em conta suas práticas, seus dias, e então desenclausurar o que a sideração enclausura; não designar e rotular vítimas, mas descrever tudo o que cada um, como diz Michel Naepels, *põe em ação – bem ou mal, com eficácia ou não, funcionalmente ou não, com recursos econômicos, relacionais, culturais, afetivos bastante disparatados – para lidar com um momento de vulnerabilidade ampliada, ou uma situação de precariedade.*

Não um "Ei-lo, pois, vítima, vítima de sempre!"; mas um: "E você, como é que você vive, como é que faz, como se vira para viver aí, viver essa violência e sua aflição, a esperança, seus gestos: como é que você se debate com a vida?" – uma vez que, é claro, eu também me debato nela.

Siderar vem do latim *sidus, sideris*, a estrela: trata-se de sofrer a influência nefasta dos astros, de ser acometido de estupor; e é preciso associar todos os verbos da imobilização no espetáculo do terror; medusar, aterrar, petrificar, interditar... O latim tinha também *assiderare*, que o italiano conserva: congelar, gelar, ser acometido de torpor. Mas havia também *desiderare*, desejar, querer intensamente, experimentar uma falta, um pesar ou necessidade (a falta de quê? de uma constelação, de um astro: o desejo é como a nostalgia de uma estrela); e havia então *considerare*, que nomeava a contemplação dos astros, uma vez que os astros devem ser olhados com intensidade, escrúpulo, paciência.

Considerar de fato é olhar atentamente, ser delicado, prestar atenção, levar em conta, tratar com cuidado antes de agir e para agir; é a palavra para "tomar em estima", "fazer caso de", mas também para o juízo, o direito, o peso, o escrutínio. É uma palavra para a percepção e a justiça, a atenção e o direito. Ela designa essa disposição em que se conjugam o olhar (o exame, pelos olhos ou pelo pensamento) e o respeito, o escrúpulo, o acolhimento sério daquilo que devemos fazer esforço para manter sob os olhos... Diante de acontecimentos tão violentos quanto a "crise dos migrantes", é mais comum, mais imediato, deixar-se siderar do que considerar. Mas o sujeito da sideração não é o sujeito da consideração. O sujeito da sideração vê o extraordinário dos acampamentos, reencontra-o, nutre-se de imagens em que reconhece a relegação, a miséria, o sofrimento que ele imagina – e nesse reconhecimento está sua virtude e sua compaixão; mas aqui "a abundância das representações visuais mascara a debilidade das informações, análises e debates políticos", nas palavras de Michel Agier. O sujeito da consideração, por sua vez, deveria olhar situações, ver vidas, julgar, tentar, enfrentar e trabalhar para se relacionar de outro modo com aqueles em quem presta, assim, atenção, e por cujas vidas deveria também poder ser surpreendido.

Considerar, fazer caso de; talvez fosse com esse objetivo, por exemplo, que Raymond Depardon abria o documentário intitulado *África: como vai essa dor?* com as lentas imagens de um enterro; para que sentíssemos passo a passo (e ficamos com vergonha de nos espantar com isso) que, em condições de infinita indigência, o luto continua a ser o luto de uma pessoa, de uma pessoa absoluta, pela qual se pode chorar, e no entanto anônima, esta pessoa aqui, um pai, uma irmã, uma amante, tomados um a um. Pois parece difícil, para o espectador habituado às imagens massivas, sintéticas e desinvestidas da miséria e da violência africanas – a maior parte do tempo apreendidas como "um fluxo do qual apenas a intensidade e o volume importam" (Philippe Vasset) –, parece muito difícil ver nelas existências vividas, em sua aventura, sua concretude, seu cotidiano, sua intimidade psíquica.

Na verdade o objetivo (será chocante?) não é singularizar cada vida perdida. É quase o contrário: experimentá-la como semelhante, isto é, também dessemelhante. E experimentar-nos como semelhantes-dessemelhantes. Contemporâneos, interdependentes, iguais, devendo sê-lo. Se toda vida é insubstituível (e ela é), não é exatamente porque é única (mesmo que evidentemente o seja), é porque é igual e deveria sempre ser tida como tal.

Ora, tudo se passa como se recebêssemos certas vidas como vidas que não seriam no fundo inteiramente vivas; tudo se passa como se considerássemos certos gêneros de vida, como diz Judith Butler, "como não vidas, ou como parcialmente em vida, ou como já mortas e perdidas por antecipação, antes mesmo de qualquer forma de destruição ou de abandono". Mas reconhecer uma vida como passível de choro é tê-la primeiramente tido como plenamente viva, e plenamente vivida. É na exata medida em que é considerada como vivida que uma vida pode ser considerada como exposta à ferida, *capaz* de vulnerabilidade, capaz de ser perdida e chorada e de enlutar outras vidas.

Para falar das vidas que se tentam (e com frequência se devastam) em nossas bordas, é inútil, pois, convocar a ideia, avassaladora, de "vida nua"; é sempre de "vidas" que é preciso tomar a medida. Pois não há vidas nuas, não há vidas sem qualidade; só há vidas desnudadas e desqualificadas (desnudadas por algum fato de violência, desqualificadas por alguma ausência de consideração, isto é, antes de tudo, de direitos – vejam o caso de Adama Traoré[3] –, negligenciadas ou desprezadas por alguns ou por alguma coisa que sejam responsáveis por elas). "Não é uma vida"; sim; mas não: é sempre uma vida; e até para entender que ela não é vivível é preciso entender que ela é absolutamente viva. As vidas vividas sob condições de imensa indigência, imensa destruição, imensa precariedade, têm, sob essas condições de imensa indigência, imensa destruição e imensa precariedade, de ser vividas, cada uma delas é atravessada em primeira pessoa, e todas devem encontrar os recursos e as possibilidades de reformar um cotidiano: de preservar, experimentar, erguer, melhorar, tentar, chorar, sonhar *até* um cotidiano: essa vida, esse vivo que se arrisca na situação política que lhe é imposta.

---

3. N. do T.: Trata-se de um jovem de 24 anos morto em 2016, em circunstâncias ainda não esclarecidas, no pátio da delegacia de Persan (a cinquenta quilômetros de Paris), para onde fora conduzido depois de uma abordagem por policiais para verificação de documentos. Seguiu-se uma batalha jurídica e política, que resultou num livro de sua irmã Assa Traoré sobre o caso, publicado em 2017.

POESIA E IRA

Pode-se tomar a consideração – essa percepção que é também um cuidado, esse olhar que é também um respeito – como uma virtude de poeta.

Francis Ponge, por exemplo, exigia que se tivesse "respeito" pela realidade, até na maneira que se tem de mantê-la sob os olhos e falar dela; era isso que convocava nele o *furor da expressão*.[4] Em "Margens do Loire", ele inventava algo como um direito do real, um direito do real diante do qual nós, falantes, não teríamos senão deveres, e que poderia até apelar e apresentar queixa contra nós quando justamente nos atabalhoássemos ao considerá-lo e qualificá-lo.

---

4. N. do T.: Alusão a *La rage de l'expression*, título de um livro de Francis Ponge, referido entre nós com mais frequência por "A raiva da expressão". Mas *rage* remete também, em francês – e a autora explorará esse sentido em mais de uma ocasião ao longo do livro –, a uma necessidade ou a um desejo obstinado, daí a opção por "furor". "Margens do Loire" é uma espécie de prefácio ao livro.

Reconhecer o maior direito do objeto, seu direito imprescritível, oponível a qualquer poema... Já que em relação a nenhum poema jamais deixa de haver apelação a mínima por parte do objeto, assim como não deixa de haver acusação de fraude. O objeto é sempre mais importante, mais interessante, mais capaz (cheio de direitos).[5]

Furor da expressão, furor pela expressão: ira contra todos os atabalhoamentos e desatenções de toda espécie, sobretudo ao tomar a palavra; não apenas a ira, portanto, mas o espaço particular em que a ira se articularia a certa intensidade de atenção, uma vigilância quase procedural quanto às formas tão múltiplas da vida e às verdadeiras ideias que nelas se engajam: uma ira tomada de justeza, uma ira poética, um pensamento de poema.

Bourdieu, outro homem de iras, não se enganara ao honrar no esforço poético de Ponge o próprio modelo da operação sociológica, aquela que consiste em "reivindicar" o real, isto é, em enfrentá-lo, em vê-lo tal como é, em compreendê-lo sem com isso apreciá-lo ou justificá-lo; em outros termos, em tomar o partido do real e conformar-se com ele. Bourdieu voltou diversas vezes a Ponge para explicitar sua atitude em relação à realidade social, em entrevistas e na obra inabitualmente militante que foi *A miséria do mundo*.

---

5. N. do T.: Tradução de Júlio Castañon Rodrigues. *Revista USP*, mar.-abr.-maio 1989, p. 74. Disponível em: <www.revistas.usp.br/revusp/article/download/25443/27188>.

Eis o furor da expressão: esse nó de esforços em que a teimosia da palavra e a teimosia do real em ser o que é, em ser "tal qual", como teria dito Valéry (nem mais indizível, justificável ou amável do que isso), se substituem incessantemente uma à outra. E isso vale muito bem a liberação de uma ira contra todas as maneiras, inclusive as doutas e virtuosas, de ser desatento.

Belas iras estas que têm por único inimigo o *desatento*: aquele que não vê a diferença, aquele que não vê o problema, aquele para quem "isso não é nada"; belas iras estas em que o que está ferido em mim (em que o que fere o "coração de rei" que cada um porta em si, e que Sêneca via apertar-se nos irados) é essa exigência de atenção, de vigilância, isto é, de justeza e justiça; pois a ira é esse momento em que o que é tido como pouco, negligenciado, pilhado é justamente aquilo a que me apego, ela chega até mesmo a me dizer (às vezes é uma surpresa) aquilo a que me apego, aquilo pelo que estou disposto, ou disposta, a me comprometer, a entrar na arena dos conflitos, das incertezas e das justificações.

Belas iras estas que podem então tentar dizer-se também na paciência e na dúvida: iras críticas e calmas, iras irreconhecíveis (é o caso de Michaux, furioso como poucos, em *Postes angulares*: "O sábio transforma sua ira de tal maneira que ninguém a reconhece. Mas ele, sendo sábio, a reconhece... às vezes".)

Não apenas "a ira" resoluta, mas nem toda ira, não qualquer uma; pois "a ira" não é um valor, a ira não é em si um bem, ela é essa emoção que revela os valores e os bens que nos dividem, os objetos necessários de nossos conflitos: diga-me o que causa sua fúria, eu direi em que você acredita, o que importa para você (e talvez, justamente, não para mim), a que você se apega ou quer se apegar, o que você precisa proteger para preservar seu amor pela vida, dê-me suas razões e seus motivos para viver, diga-me onde está seu bem, e tentemos talvez julgar, mudar tudo isso, duvidar... (uma vez que é preciso também, como propunha Baudelaire a si mesmo, "datar sua ira").

Pois uma ira em poesia (a de Ponge, mas também as de Baudelaire, Hugo, Pasolini, Sebald, Glissant, Deguy, Koltès...) se ergue sempre diante dos mesmos culpados: a indiferença, o ter-por-pouco, por conseguinte a violência e a dominação (sim, a dominação, todas as dominações, as que justamente aumentam de modo bastante concreto a precariedade). Poeta é aquele que vai mal ali onde o mundo vai mal. Baudelaire lembrava isso em suas *Novas notas sobre Edgar Poe*:

> Genus irritabile vatum! *Que os poetas [...] sejam uma raça irritável, isso é bem sabido; mas o porquê não me parece tão geralmente compreendido. [...] Os poetas nunca veem a injustiça onde ela não existe, mas com muita frequência onde olhos não poéticos de modo algum a veem. Assim, a famosa irritabilidade poética não tem relação com o temperamento, entendido no sentido vulgar, mas com uma clarividência além do comum relativa ao falso e ao injusto. Essa clarividência nada mais é do que um corolário da*

percepção viva do verdadeiro, da justiça, da proporção, em uma palavra do belo. Mas há uma coisa bem clara, o homem que não é (para o juízo comum) irritabilis *não é de modo algum poeta.*

Decerto seria preciso comparar, e até opor, essa ira do respeito, essa poesia da consideração, quase jurídica, à poesia da "compaixão" reclamada por Yves Bonnefoy: compaixão pelos mortais, cuja finitude é preciso amar uma vez que todos compartilhamos dela; compaixão pelos lugares que a bela meditação de *L'Arrière-pays* [Interior do país] lança; compaixão pelo vivo em sua grandeza e generalidade: "Não é que eu tenha antipatia pelo conceito, mas eu diria que o que reclamo da poesia é antes *compaixão*". A compaixão é uma piedade cristã pela própria vida, por sua vulnerabilidade. Ela é bela e forte. Mas não é dela que precisamos para perceber a igualdade das vidas na distribuição desigual da precariedade. A consideração, por sua vez, é mais política, mais social, menos "humanitária", se quisermos.

Exigir a consideração (até na emoção de piedade, aliás) é pedir que se escrutem os estados de realidade e as ideias que eles enunciam, é pedir ao mesmo tempo que se digam as coisas com justeza e que elas sejam tratadas com justiça, mantendo-as acima de tudo no âmbito de seus direitos. Sim, exigir a consideração como tarefa política e jurídica, pois apenas aqueles cujas vidas "não são 'consideradas' como sujeitas ao luto e, portanto, dotadas de valor estão destinados a carregar o fardo da fome, do subemprego, da incapacitação legal e da exposição diferencial à violência e à morte", como diz Judith Butler em *Ce qui fait une vie* [O que faz uma vida].

A consideração reclama antes de tudo o direito das vidas, menos seu reconhecimento do que sua reconhecibilidade (jurídica, política); por consequência, a vigilância, e quando for preciso a guarda, a vigília intensa, até mesmo a espionagem (*speculari*: espionar). Foi o que animou o trabalho de investigação concebido por Charles Heller e Lorenzo Pezzani, "Forensic Oceanography", em que eles se transformaram em vigias das embarcações e das vidas perdidas no Mediterrâneo, defensores de seus direitos e consequentemente vigilantes dos vigilantes. Esses geógrafos se debruçaram sobre o caso de um barco abandonado à morte, *the left-to-die boat*, uma embarcação de migrantes que em 2011 ficou à deriva durante catorze dias numa zona vigiada pela Otan, enviou múltiplos sinais, foi várias vezes identificada, recebeu a visita de um helicóptero e cruzou a trajetória de um navio militar, mas jamais foi socorrida, e na qual 73 migrantes morreram, num eclipse silencioso das jurisdições e numa fragmentação dos espaços de controle, à margem aparente de toda responsabilidade. Ignoradas, essas vidas deixaram, contudo, rastros na água, até mesmo os de seus apelos de desamparo, e se decifrarmos *atentamente* esses rastros poderemos transformar o próprio mar "numa testemunha suscetível de ser interrogada".

Siderar/considerar, portanto, como um batimento, uma respiração que conjuga a ira e a atenção, o ser afetado e o escrúpulo. Ou, como diz ainda melhor Georges Didi-Huberman diante das situações de violência e de precariedade: "Exercer duas vezes a *paciência*, uma vez para o *pathos* e outra para o conhecimento".

CONSIDERANDO

"Considerar" é uma palavra que ouvi ressoar, com brilho e senso de provocação, nas ações de um coletivo de cientistas políticos, juristas, urbanistas, arquitetos e artistas que leva o belo nome de PEROU, "Polo de exploração dos recursos urbanos". Dirigido por Sébastien Thiéry e presidido por Gilles Clément, o coletivo pensa e age em acampamentos, favelas, "selvas" suburbanas, matas, nos taludes de autoestradas ou à beira do Sena (ele provém, aliás, de um primeiro projeto, o dos "Filhos de Dom Quixote", que há cerca de dez anos instalara barracas para os sem-teto à beira, mais uma borda, do canal Saint-Martin, em Paris – mas barracas que deviam dessa vez ser bem visíveis, que eram escolhidas, vermelhas e uniformes, com essa finalidade). Nesses lugares que nunca são não-lugares, nunca são simples beiradas, apenas porque vidas efetivas são vividas ali, têm de ser vividas a despeito das condições que lhes são impostas, nesses lugares de vida, portanto, o PEROU luta contra respostas demasiado rápidas (em geral o desmantelamento) e acompanha a construção, toma conta do que existe, cultiva, reergue, documenta o existente, em suma, considera-o e age a partir dele.

O PEROU age, por exemplo, em Ris-Orangis, num acampamento de ciganos edificado à borda da Nacional 7,[6] num daqueles espaços chamados de "vazios urbanos". Entre as barracas, em 22 de dezembro de 2012, inaugurou-se uma "Embaixada do PEROU", com uma sala de reuniões, uma pista de dança, espaços de aconselhamento jurídico... Esse prédio precário foi concebido antes de mais nada para atravancar a passagem das escavadeiras, mas foi também uma verdadeira embaixada: "um corpo diplomático concebido para fazer com que outras relações se estabelecessem com os atores ali presentes", buscando cooperar com o conselho geral, encontrar recursos para construir e acompanhar o que já fora construído, apostando, portanto, em virtudes já estabelecidas no espaço da favela. Jean-Christophe Bailly, que se interessou por esse espaço, indica:

> Era bonito, e justo, que o lugar que supostamente encarnava essa possibilidade física de reunião tivesse sido chamado de Embaixada — é dizer de uma só vez que seu potencial e sua visada não eram os de um círculo fechado em si mesmo, mas, ao contrário, os de uma abertura ou limiar que permitia ativar relações com o exterior, redes e associações diversas [...], e até mesmo, de maneira mais simples, ativar as

6. N. do T.: Autoestrada que liga Paris à fronteira da França com a Itália.

providências que aqueles que o compõem são levados a tomar junto às administrações ou serviços.

Um escritório, uma sala de reuniões, uma pista de dança; não uma morada, de modo algum uma morada ou algo que se devesse celebrar como tal, mas "algo que soubesse aprofundar o acolhimento sem voltar a fechá-lo" e que, portanto, já desenhasse, em si, uma outra imagem do acolhimento e das formas de reagrupamento; algo que não devia ser idealizado, exaltado, mas simplesmente considerado.

Cem dias mais tarde, entretanto, tudo isso foi varrido do mapa. Em 29 de março de 2013, um mandado assinado pelo prefeito intimou os habitantes a deixarem o local. Três dias depois, as forças policiais, acompanhadas de escavadeiras, destruíram as habitações e dispersaram seus ocupantes. O mandado municipal que ordenava essa destruição "sidera e esmaga", como disse Sébastien Thiéry. O texto é escandido por mais de setenta ocorrências da palavra "considerando": considerando os riscos sanitários, considerando a indignidade das condições de vida, considerando a ilegalidade, considerando o que sempre se apresentou como situação de perigo iminente e de inumanidade em que a demolição pode se apresentar como salvação, considerando até (e a língua se volta de maneira astuta e exorbitante contra si mesma) o excesso de laços e guirlandas luminosas que ligam a embaixada ao lugar dito praça das Festas... O PEROU dedicou um coletivo vigoroso e inventivo ao exame meticuloso desse mandado, à sua "tradução", à sua paródia, um coletivo intitulado justamente "Considerando", em que as distorções da prosa administrativa cedem progressivamente a outras maneiras de se reportar ao existente, de agir a partir dele e do que ali se tenta, de assumir a responsabilidade sobre ele, de prestar atenção nele; decididamente, de considerá-lo.

Pois se o que é demolido num caso como esse são barracas, são também "ideias", ideias de vidas, que se mantêm inteiramente fora da vida compartilhada mas que dizem que seria possível agir de outro modo e acolher de maneira diversa. Não é que a favela seja o bom lugar de acolhimento, um lugar que deveríamos favorecer e perenizar enquanto tal; o fato é que é a partir do que ali se improvisou, colocando-se à sua escuta, considerando-o, portanto, que se pode imaginar esse acolhimento. O que pereniza as favelas, afirma e reafirma o PEROU, não é o cuidado que se tenta tomar em relação a elas, são as escavadeiras (que destroem um habitat provisório... que se reconstrói quinhentos metros adiante). Não se trata, portanto, de condenar a viver ali, mas de "equipar um presente": quanto mais as favelas forem vivíveis, dizem eles, mais rapidamente será possível sair delas, permitir que se saia delas.

Levar em consideração não é aqui apenas olhar, mesmo que não seja ainda agir; é escutar a ideia que todo estado de realidade enuncia (pois toda coisa expressa sua ideia, não a ideia que se tem dela mas a ideia que ela é, em outras palavras o possível que ela abre, e é precisamente essa ideia que toda coisa é que Ponge recolhia com obstinação); trata-se, aqui, de reconhecer, nas barracas, lugares de uma vida cotidiana, tomada em sua duração, lugares onde vidas efetivamente se mantêm, onde corpos e almas efetivamente se experimentam. É, por exemplo, como Michel Agier, ter a audácia de pensar que nessas bordas e nesses "vazios urbanos", na proliferação de campos[7] do presente, está também em jogo algo central para nossas cidades, para nossos próprios modos de habitação, para nossas próprias formas de vida, para o mundo urbano que vem e que poderia vir de outra maneira. É preciso, portanto, não "apenas" deixar-se siderar por aquilo que no entanto é siderante, não apenas não enclausurá-lo numa situação de monstruosidade; é preciso desenclausurá-lo, reportar-se a ele como a um dos centros efetivos de nosso presente, e até mesmo como a um tipo de cidade a que o presente já dá lugar. "Nem monstruosos nem dignos de piedade, esses lugares do isolamento poderão ser percebidos sob uma luz nova." E Michel Agier esclarece: "O que os campos antecipam de maneira radical é uma problemática da vida e da cidadania às margens do Estado-nação". De maneira radical, porque o que é engendrado pela política de isolamento dos indesejáveis são campos que duram, configurações urbanas estranhamente perenes, novas "centralidades da margem" que se aproximam das margens urbanas

---

7. N. do T.: A autora se vale aqui do neologismo *encampement*, usado pelo sociólogo Michel Agier para descrever a multiplicação dos campos de migrantes e de refugiados como fenômeno global.

comuns pobres e cosmopolitas, ainda que a memória dos lugares tenha muita dificuldade para se constituir nesses contextos de fragilidade supostamente provisórios.

E também em Calais o PEROU propôs formas de ação surpreendentes, atentas e intempestivas; o coletivo cuidava dos acampamentos e tentava responder às forças de demolição construindo junto com os migrantes, isto é, levando em conta o que eles tinham feito; não para perenizar a favela, decididamente, mas para fazer caso das vidas e ser diligente com os lugares de vida. É preciso evidentemente ver, ver, ver, em toda parte, o sofrimento, a dor, as tensões, porque eles estão em toda parte; mas é preciso também reconhecer as vidas aqui vivas e vividas; trata-se, no mesmo movimento, de nem sempre, ou ao menos não de saída, encontrar as pessoas apenas a partir de seus sofrimentos, mas também a partir de seu heroísmo, suas realizações, suas "esperanças desmedidas", de suas alegrias quando houver; e de começar, portanto, por tomar ciência do já construído, do habitado, como de um território não de indignidade e nudez, e sim, mais uma vez, de ideias.

Eis o texto redigido por Sébastien Thiéry depois do início da primeira destruição da Selva:[8]

---

8. N. do T.: Referência à "Selva de Calais", que designa os campos de migrantes instalados na zona portuária de Calais, no norte da França, desde o início dos anos 2000.

Considerando *que a Selva de Calais é habitada por 5 mil exilados, não errantes mas heróis, sobreviventes do inimaginável, armados de uma esperança infinita.*

Considerando *que aqui mesmo vivem efetivamente, e não apenas sobrevivem, sonhadores colossais, caminhantes obstinados que nossos dispositivos de controle, processos carcerários, contêineres inviíveis teimam em alquebrar de modo a que nada reste deles a não ser uma humanidade-escória para ser administrada, alocada, deslocada.*

Considerando *que Mohammed, Ahmid, Zimako, Youssef e tantos outros se mostram não pobres desvalidos, mas inveterados construtores que, a despeito da lama, de tudo o que ruidosamente aterroriza ou discretamente infantiliza, erigiram em menos de um ano duas igrejas, três bibliotecas, uma sala de informática, duas enfermarias, 48 restaurantes, 24 mercearias, um hamam, uma boate, dois salões de cabeleireiro.*

Considerando *que cada um dos habitats aqui erguido, ajustado e plantado traz a marca de uma mão cuidadosa, de um gesto atento, de uma palavra litúrgica talvez, da esperança de um dia certamente melhor, e se revela uma escrita sábia demais para tantas testemunhas cujos olhos só registram caos e cloacas [...].*

Considerando *que desde o início de setembro de 2015, cotidianamente, centenas de britânicos, belgas, holandeses, alemães, italianos, franceses, constroem na Selva.*

Considerando tudo isso, portanto, o PEROU:

Declara:

1. Que a destruição [...] se revela um ato de guerra irresponsável empreendido não apenas contra construções, mas também contra homens, mulheres, crianças, sonhos, solidariedades, amizades, histórias, não só contra a favela, mas contra o que faz cidade em Calais.

2. Que resistir exige que se responda enfim à denegação generalizada de realidade, que se contradigam os profissionais da queixa [...], que se torne célebre o que se afirma hoje em Calais, que se faça ressoar o sopro europeu que ali se manifesta [...].

3. Que voltar a pensar e a agir em Calais, indo ao encontro de uma situação-mundo que concerne a todos, é inspirar-se nos gestos daquelas e daqueles que constroem incansavelmente a despeito do ódio que leva o nome de "política pública", [...] é arriscar outras formas de escritas políticas da hospitalidade, daquilo que temos em comum, de nossa República.

Considerar, portanto. Aliás, o que há de francamente siderante hoje em Calais é outra coisa, é o projeto público de um parque de diversões destinado a se chamar "Heroic Land" – onde atuariam heróis de videogame –, pensado como uma "compensação" pública para a crise migratória, e cujo financiamento deveria beirar 270 milhões de euros. Um projeto inverossímil, totalmente discrepante em relação ao real presente e comum, um projeto irrefletido (será que o grafiteiro e performer Bansky o conhecia, ele que investiu em 2015 numa perturbadora iniciativa: transportar para Calais, visando às construções da Selva, o material de sua Dismaland,[9] parque de diversões efêmero, lúgubre, punitivo e poluído?). O PEROU, numa publicação que lhe valeu um processo, propunha com pragmatismo há alguns meses que se alocasse uma parte do financiamento desse projeto delirante em outras políticas públicas, no caso num canteiro da hospitalidade. "Cultivando o existente" em Calais, cuidando das relações que se afirmam, documentando o que se constrói, fazendo aparecer o heroísmo (o verdadeiro) e ampliando-o.

Contudo, nada adiantará: *finada* Selva. Puseram fogo na Selva, alguns dias antes de outra pilhagem, a que foi feita num dos acampamentos da estação de metrô Stalingrad, em Paris. Mas o PEROU persiste em seus esforços diplomáticos: constituiu "outra prefeitura de Calais", delega cônsules, modera e desmodera, se enfurece, tem boas razões para se enfurecer (como os cidadãos, certos cidadãos, que organizam como podem o acolhimento e o alojamento em todo o território).

---

9. N. do T.: O nome do parque, aberto em 2015 numa região litorânea do Reino Unido, é um trocadilho feito a partir da palavra *dismal*, "sombrio" em inglês. Bansky definiu o projeto como "uma exposição de arte e entretenimento para anarquistas principiantes".

A FRANJA E A PROVA

A partir dessas perspectivas de consideração, muitas outras poderiam ser apresentadas, em lugares, aliás, sempre situados em bordas, na orla da cidade visível ou da vida visível, onde a fronteira não passa necessariamente entre um *eles* e um *nós*, mas entre maneiras de se reportar àquilo que existe e que se tenta.

Por exemplo, a consideração que anima Claire Simon em seu documentário *O bosque que molda os sonhos*:[10] sua consideração por todas as espécies de vidas que fazem sua estadia e são experimentadas no Bois de Vincennes, desde os contatos sexuais mais ou menos furtivos e felizes até as barracas aninhadas sob as árvores, as festas, as dores, as relegações, ou a lembrança totalmente arrasada da Universidade de Vincennes (de que só resta uma

---

10. N. do T.: O título original do filme, *Le Bois dont les rêves sont faits*, faz um trocadilho com dois sentidos da palavra *bois*: "bosque" (o documentário é sobre o Bosque de Vincennes, situado a leste de Paris) e "madeira" ou "pau", que remete nesse contexto à matéria de que uma coisa é feita.

ponta de cano escondida na relva, rastro testemunhado por Émilie Deleuze num outro filme), "outra" universidade que se experimentara e provara aqui, nesses espaços em que tudo ao mesmo tempo é descartado, ocultado, abrigado e tentado.

Por exemplo, também, a ira irreconhecível, ira por amor e consideração pelas vidas, que compõe ao longo das narrativas de Arno Bertina uma vasta *Suíte* dos desvalidos: um imigrante maliano cujo sobressalto de vontade se converte em sobressalto de violência; um sem-teto que reúne com humor (sim, com humor) dejetos em sua sala a céu aberto, num terreno ensurdecedor ao lado do bulevar periférico[11]... Em toda parte uma atenção àquilo que, em cada um, se mantém, se debate, tenta saídas para além do cercado da pobreza ou da solidão, se vê novamente abatido, volta ainda a se lançar se puder, e se lança de todo modo, nessas narrativas, para fora do visco da empatia.

Por exemplo, ainda, a consideração que anima todos os projetos de Jean-Christophe Bailly, há pouco mencionado. Em especial no belo livro intitulado *Le Dépaysement* [O despaisamento],[12] no qual Bailly se interroga sobre nosso país e vai vê-lo pacientemente, complicando (por força de consideração, justamente) as oposições um

---

11. N. do T.: Trata-se do anel viário que circunda a cidade de Paris.
12. N. do T.: Optei aqui pelo neologismo para o termo francês, que remete originalmente à condição do exílio, mas também, e sobretudo, à mudança, voluntária ou involuntária, de meio, cenário, hábitos. Mais adiante a autora usará o neologismo *empaysement*, que traduzirei, naturalmente, por "empaisamento".

pouco atabalhoadas entre centros e bordas, altos-lugares e não-lugares. Mas não há não-lugar; assim como não há vida nua. Só há lugares ou vidas maltratados, precarizados, desqualificados.

Portanto, o assunto do livro é a França. Seu objetivo é compreender "o que essa palavra designa hoje e se é justo que designe algo que não existiria em outro lugar". A ideia foi abordar "o novelo de signos emaranhados mas com frequência divergentes" que é a França em diversos lugares, "seja porque [...] pareçam encarnar pontos de cristalização da forma nacional interna, seja, ao contrário, porque estejam sobre bordas". E Bailly precisa que uma "forma interna sem borda não pode sequer existir", mas que é justamente pelo fato de "alguns acreditarem que [essa forma] existe como uma entidade fixa", enquanto, ao contrário, existe de outro modo, que é preciso ir ver com paciência e sentido real do diverso de qual emaranhado de linhas bem diferentes o país é feito: linhas de afirmações, estiramentos, retiros, choques, aderências e desaderências, panes, evasões, sonhos...

O escritor propõe esta bela imagem: a "forma-país", no caso do "Hexágono", não é aquele equilíbrio geométrico bem centrado que muitas vezes nos foi ensinado; ela se parece mais com uma pele de animal esticada, esquartejada rumo às bordas, repuxada, furada e em muitas partes prestes a ceder. Uma força centrífuga que se compreende menos em seu cerne, portanto, do que nos modos bastante diversos como ali são vividas as fronteiras, uma configuração móvel que Bailly foi consequentemente ver em suas bordas. Em suas bordas externas, onde o país vai embora rumo a outro lugar, mas também onde ele resiste a ir embora, a "estrangeirizar-se", a alterar-se; tratava-se, pois, de observar e qualificar uma diversidade bem real de efeitos de fronteira, de efeitos de bordas: a Bretanha, que é uma entrada contínua para o oceano e que assume para todo um país um sonho de partida, "de um modo direto e frontal"; o norte e o leste, que escapam e se estrangeirizam sem drama rumo à Bélgica e à Alemanha; os arredores de Verdun, tomados por uma força completamente diferente, "continental, achatada", impregnada de batalhas, de arrasos e de mortes.

E ele foi também encontrar a forma-país em suas bordas internas, suas bordas em pleno centro, todos esses lugares em que se complica o sentimento da identidade: aqueles em que o espaço se torna mais pesado e cede, e em que o sentimento da vida é como ferido; e aqueles, ao contrário, em que "aqui" já é uma partida, libera uma possibilidade de fuga e reabitação, um desenclausuramento. O Bazacle, barragem que dispõe em plena Toulouse uma passagem para os salmões!; a passarela do Cambodge na Cidade Universitária em Paris; e bem perto dela, o que Bailly chama de "Gentilly, Portugal", onde uma igreja se aninha numa curva do bulevar periférico e propicia um lugar alegre para a comunidade portuguesa...

Bordas externas, bordas internas. A França aparece para ele como uma cavilha situada na interseção de linhas que partem ou que justamente penam para partir. Um país não é então um continente, um *dentro*, mas uma configuração móbil de efeitos de bordas. De maneira que "o que torna um país vivível, qualquer que ele seja, é a possibilidade de permitir ao pensamento que o deixe". E a identidade se encontra aí redefinida como "o modelado de uma infinidade de partidas possíveis".

É esse o despaisamento que resulta de tais viagens pela França. E ele é também o protesto contra o "empaisamento". Isto é, trata-se acima de tudo de uma decisão. É preciso querer definir o país como algo que se pode deixar, e que se define justamente pela infinidade de partidas que ele autoriza, na prática e no pensamento (e hoje é tão claro: no acolhimento). Faz bem poder viver o país como algo que é possível habitar tanto melhor na medida em que pode ser deixado, em que se pode permitir que se entre nele, que se permaneça nele, que se circule dentro dele, ou que se saia dele. Opor o despaisamento ao empaisamento é, portanto, uma decisão. (Lembre-se de que, para avançar no tratamento judicial de sua morte, a família de Adama Traoré teve de obter o "despaisamento judicial" da investigação, seu deslocamento de Pontoise para Paris). É preciso querer que o país seja isso, esperar e imaginar que ele seja tal, proteger os espaços em que ele o é, considerar toda essa emissão de diferenças, deter-se nelas, não enclausurar em si mesma cada ideia de vida mas, ao contrário, "inacabá-la" e reconhecer o que nela se cultiva...

O que nela se "cultiva", de fato. Bailly interessou-se, assim, longamente pelos jardins operários de

Saint-Étienne; percebeu ali um fragmento discreto de utopia, que se deposita num conjunto de gestos; esses jardins são o que ele chama "a franja e a prova" de outra vida e outra cidade possíveis: "algo cantarolado, murmurado, que alguns, dados a abordagens diretas ou situados em alto lugar, não querem mais ou não sabem mais ouvir". O que está em jogo, é claro, é certa ideia, uma ideia da relação com o espaço e com a propriedade: menos propriedade e mais apropriação, menos propriedade e mais uso (pensamos, ele pensa nos franciscanos de Agamben), mais tomada em mãos, cuidado, atenção, delicadeza e também, por consequência, enriquecimento do que é. E Bailly acrescenta: "Tudo o que conto a propósito dos jardins se desenrola sobre um fundo de miséria, sei muito bem disso, mas é assim, o ritornelo continua". Ele prolongou, aliás, essa observação num outro livro, concebido como um percurso e uma troca com Alexandre Chemetoff, arquiteto e fundador do Escritório das paisagens, encarregado de renovar um bairro de Saint-Étienne, a Manufatura das Armas. Daí resultou um diálogo, *Changements à vue* [Trocas de cenário], que é inteiramente conduzido por essa disposição de "considerar" realmente um meio, esse território local que chegou a ser qualificado como "capital dos barracos" mas que justamente merece tanto mais atenção, olhar, vigilância, cuidado, sensibilidade em relação às diferenças e ao "cantarolar" particular, evidentemente nem sempre bonito, de cada lugar que o compõe, que é sempre, como qualquer outro, um lugar de vida; talvez não aquela que se gostaria de ter, que se sonharia para si mesmo, mas vida. A palavra "consideração" e o "levar em consideração" saturam, aliás, verdadeiramente o diálogo entre eles (como saturam *Ce qui fait une vie*, de Judith Butler), não sei se eles perceberam isso. Para o escritor, essa consideração se tece a partir de um furor de atenção e qualificação, de uma espécie de esforço bastante pongiano de qualificar pacientemente o "canto" entoado por cada coisa e de frasear a ideia de vida que cada coisa consequentemente enuncia, entoa; e para o arquiteto, com sua missão de intervenção, isso se faz a partir de uma maneira de levar em conta o que é ou o que aflora, de um desejo não de transformar mas de acompanhar, arrumar e reparar. Em que a ética da atenção se une a uma economia do pouco, pragmática. E aí reencontramos o PEROU e sua maneira de considerar o existente numa "atitude comedida, o contrário de uma planificação, um modo de *arrumar o que existe*, de tratar tudo com [...] benevolência".

Há algo de errático, talvez de francamente inconveniente, na aproximação de todas essas bordas. Os frugais jardins operários, os modos de habitação mais que precários e na verdade tão diversos do Bosque de Vincennes, os arranjos irônicos (capazes de ironia) de um sem-teto no quase recanto de uma curva do bulevar periférico, as guirlandas que ligavam em Ris-Orangis a embaixada do PEROU a uma praça das Festas, o heroísmo tão pouco considerado dos migrantes que construíram em Calais, a despeito da enorme hostilidade, escolas, bibliotecas, restaurantes, os rastros líquidos das vidas perdidas no mar, os abandonos, as pilhagens, as recusas de direitos... Pode-se realmente pôr tudo isso junto? Não tenho muita certeza, mas creio que talvez não haja indecência nessas aproximações. Pois aí às vezes se entoa o mesmo tipo de frases, ou de cantos. Até em Calais algo se enuncia, se enunciava, que nem sempre é um lamento, mesmo que se eleve, é claro, acima de um profundo e infinito lamento; mas algo também deseja, se debate, tenta viver, algo do humano em ato, do humano sempre já aí, do humano que não reivindica que lhe devolvam a "dignidade", mas que reivindica apenas que se reconheça bem concretamente que ele tem *direitos*.

Direitos: pois a convicção da igualdade das vidas se entende antes de tudo juridicamente. Acolher não é fazer ato de caridade, mas de justiça: trata-se de reparar os danos sofridos por aqueles que a história expulsa. A inteligência política da Revolução Francesa, como lembrou Sophie Wahnic, tinha especialmente consistido em redefinir a pátria como o espaço em que se pode viver o amor pelas leis; não a aquiescência à obediência às leis, mas o amor pelas leis, o amor vivo pelas leis amáveis. O amor pelas leis era inclusive um atributo da soberania do povo. Se a pátria for assim definida, é precisamente na possibilidade dessa amizade política que se penetra quando se desembarca no país (caso se consiga chegar) – amizade que é um amor concreto pela liberdade e pela vida; é, portanto, o próprio coletivo que acaba sendo rompido quando as leis são iníquas, isto é, quando não se está mais em situação de amar a lei, de se reportar amorosamente a ela; e isso não apenas autoriza quanto exige a revolta, como sustenta a Declaração Universal dos Direitos Humanos. Revolta contra a terceirização da gestão dos refugiados (quando a Pacific Solution[13] australiana intervém nas relações de força entre a Europa e a Turquia) e revolta contra a criminalização dos que ajudam. O delito de solidariedade é, por excelência, uma lei iníqua que destroça qualquer possibilidade de um amor pelo coletivo, e de um coletivo como amor. Portanto, partir de critérios igualitários será – isso é evidente – abandonar furiosamente, juridicamente porque furiosamente – de um furor por amor à vida –, qualquer ideia de um delito de solidariedade.

E eu gostaria de comentar aqui uma última expressão. A "franja e a prova", diz Bailly a propósito dos jardins operários, mas também, em termos próximos, da Embaixada de Ris-Orangis. A franja e a prova: onde as bordas não seriam uma sombra ou uma orla ou um abismo, mas uma prova. A prova de quê? A prova de que outra vida é possível. O que interessa aqui, e transtorna, é a evidência

---

13. N. do T.: Trata-se de um programa australiano de gestão da questão da imigração. Implementado entre 2001 e 2007 e retomado em 2012, consiste em enviar todos os imigrantes que chegam em busca de asilo para centros de detenção distantes da costa do país, como Nauru e Papua-Nova Guiné.

de que seria possível viver de outra maneira, e sobretudo acolher de outra maneira, considerar de outra maneira essas vidas, *passíveis de lamento na exata medida em que* são antes de tudo consideradas como vividas.

Aos outros, aos invisíveis (como às coisas, aos oceanos, e mais ainda aos mortos, uma vez que se deve pensar em sua não vida, falar "à sua não escuta", dizia Pierre Pachet), é preciso perguntar o que eles têm a dizer: o que diriam, o que podiam, o que poderiam e que, portanto, nós poderíamos. Não se trata de exaltar situações de indigência, ainda menos de se resignar a elas – e a porta é estreita, pois se deve dizer que nesses assuntos às vezes há muita complacência, algo como um turismo humanitário, artistas (e eu?) que se fazem, em certas horas, de exilados, além de uma estranha ou mesmo oblíqua conivência entre essas questões e o próprio fato da arte nos dias de hoje; ora, deveríamos preservar um pouco de medo, de medo de falar, quando falamos de tudo isso... Mas o melhor desses pensamentos, ou dessas atitudes, é que impõem a necessidade de fazer caso das vidas que efetivamente são vividas em todos esses lugares e que, como tais, têm algo a dizer, a nos dizer sobre aquilo que são e, por exemplo, sobre o mundo urbano que vem e que poderia vir de outra maneira. Mais do que bordas, portanto, abandonadas e ativamente invisibilizadas, franjas que já seriam provas, a prova de que se poderia fazer de outro modo, *uma vez que* se faz de outro modo.

Março de 2017

REFERÊNCIAS BIBLIOGRÁFICAS

AGAMBEN, Giorgio. *De la très haute pauvreté: Règles et forme de vie*. Trad. fr. de Joël Gayraud. Paris: Rivages, 2011. Homo Sacer, IV, I.

AGIER, Michel. *La condition cosmopolite: L'anthropologie à l'épreuve du piège identitaire*. Paris: La Découverte, 2013. Col. Sciences Humaines.

AGIER, Michel; LECADET, Clara (orgs.). *Un monde de camps*. Paris: La Découverte, 2014.

BAILLY, Jean-Christophe. "L'ambassade détruite". In: THIERY, Sébastien (org.). *Considérant qu'il est plausible que de tels événements puissent à nouveau survenir: Sur l'art municipal de détruire un bidonville*. Paris: Post-Éditions, 2014.

_____. *Le dépaysement: Voyages en France*. Paris: Le Seuil, 2011. Col. "Fiction & Cie".

BAILLY, Jean-Christophe; CHEMETOFF, Alexandre. *Changements à vue*. Paris: Arléa, 2015.

BAUDELAIRE, Charles. *Notes nouvelles sur Edgar Poe*. Paris: M. Lévy Frères, 1857.

BENJAMIN, Walter. *Je déballe ma bibliothèque: Une pratique de* la collection. Trad. fr. de Philippe Ivernel. Pref. de Jennifer Allen. Paris: Rivages, 2015.

BERTINA, Arno; MICHAUX, Ludovic. *La borne sos 77*. Marselha: Le Bec en l'air, 2009.

BERTINA, Arno; MICHALON, Anissa. *Numéro d'écrou 162573*. Marselha: Le Bec en l'air, 2013.

BOLTANSKI, Luc. *La souffrance à distance: Morale humanitaire, médias et politique suivi de la présence des absents*. Paris: Gallimard, 2007. Col. Folio essais.

BONNEFOY, Yves. *L'arrière-pays*. Genebra: Skira, 1972.

BOURDIEU, Pierre. "Nécessiter". In: *Cahier Francis Ponge*. Paris: Editions de L'Herne, 1986.

BUTLER, Judith. *Ce qui fait une vie: Essai sur la violence, la guerre et le deuil*. Trad. fr. de Joëlle Marelli. Paris: Zones, 2010.

_____. *Qu'est-ce qu'une vie bonne?* Trad. fr. de Martin Rueff. Paris: Payot, 2014.

COCCIA, Emanuele. *Le bien dans les choses*. Trad. fr. de Martin Rueff. Paris: Rivages, 2014.

DERRIDA, Jacques. *L'animal que donc je suis*. Paris: Galilée, 2006.

DIDI-HUBERMAN, Georges. *Peuples exposés, peuples figurants: L'œil de l'histoire, 4*. Paris: Minuit, 2012.

HELLER, Charles; PEZZANI, Lorenzo. "Traces liquides: Enquête sur la mort de migrants dans la zone-frontière maritime de l'Union européenne". *Revue européenne des migrations internationales*. Vol. 30, abril 2015.

MALRAUX, André. *L'homme précaire et la littérature*. Paris: Gallimard, 1977.

MBEMBE, Achille. "Nécropolitique". *Raisons politiques*. Vol. I, n. 21, 2006.

MICHAUX, Henri. *Poteaux d'angle*. Paris: Gallimard, 1971.

MOUCHARD, Claude. *Papiers!, pamphlet-poème*. Paris: Éditions Laurence Teper, 2007.

NAEPELS, Michel. *Anthropologie de la détresse*, no prelo.

PACHET, Pierre (org.). *La colère: Instrument des puissants, arme des faibles*. Paris: Autrement, 1997.

_____. "Électre parle aux morts (Sophocle)". *Le Nouveau commerce*, n. 70, 1988.

PASOLINI, Pier Paolo. *Il sogno di una cosa*. Milão: Garzanti, 1962.

PONGE, Francis. *La rage de l'expression*. Paris: Gallimard, 1952.

Réinventer Calais. Atlas d'une ville potentielle. Disponível em: <www.reinventercalais.org>.

SEBALD, W. G. *Austerlitz*. Trad. fr. de Patrick Charbonneau. Arles: Actes Sud, 2002.

THIERY, Sébastien (org.). *Considérant qu'il est plausible que de tels événements puissent à nouveau survenir: Sur l'art municipal de détruire un bidonville*. Paris: Post-Éditions, 2014.

TOLEDO, Camille de; QUIRÔS, Kantuta; IMHOFF, Aliocha. *Les potentiels du temps*. Paris: Manuella, 2016.

VASSET, Philippe. *La Légende*. Paris: Fayard, 2016.

WAHNICH, Sophie. *L'intelligence politique de la Révolution française*. Paris: Textuel, 2013.

SOBRE A AUTORA

MARIELLE MACÉ (1973) é pesquisadora do Centro Nacional de Pesquisa Científica (CNRS) e professora de Literatura na Escola de Altos Estudos em Ciências Sociais (EHESS) e na Universidade de Nova York (NYU). É autora de diversos livros – dentre os quais *Le temps de l'essai* (Belin, 2006), *Façons de lire, manières d'être* (Gallimard, 2011) e *Styles: Critique de nos formes de vie* (Gallimard, 2016) – e faz parte do comitê de redação de revistas importantes como *Critique* e *Po&sie*. *Siderar, considerar: migrantes, formas de vida* (2017) é seu primeiro título em língua portuguesa.

Dados Internacionais de Catalogação na Publicação (CIP)
(EDOC Brasil, Belo Horizonte, MG)

Macé, Marielle
Siderar, considerar: migrantes, formas de vida / Marielle Macé;
tradução Marcelo Jacques de Moraes. Rio de Janeiro:
Bazar do Tempo, 2018. 68 p. (Coleção Por Que Política?; v. 1)
Título original: *Sidérer, considérer*
ISBN 978-85-69924-38-8
1. Emigração e imigração – França. 2. França – História. 3. França
– Refugiados. I. Moraes, Marcelo Jacques de. II. Título. III. Série.
CDD 972.43

Elaborado por Maurício Amormino Júnior, CRB6/2422

COLEÇÃO **POR QUE POLÍTICA?**

Siderar, considerar: migrantes, formas de vida
Marielle Macé, apresentação
de Marcelo Jacques de Moraes

Uma lei para a história: a legalização do aborto na França
Simone Veil, apresentação e entrevista de Annick Cojean

Liberdade para ser livre
Hannah Arendt, apresentação de Pedro Duarte

Contra o colonialismo
Simone Weil, apresentação de Valérie Gérard

Ódios políticos e política do ódio:
lutas, gestos e escritas do presente
Ana Kiffer e Gabriel Giorgi

Feminismos favelados:
uma experiência no Complexo da Maré
Andreza Jorge, prefácio de Eliana Sousa Silva

Nossas cabanas
Marielle Macé, apresentação
de Marcelo Jacques de Moraes

Este livro foi editado pela Bazar do Tempo
em agosto de 2018, na cidade de São Sebastião
do Rio de Janeiro e impresso em papel Pólen
Bold 90 g/m² pela gráfica Vozes. Foram usados
os tipos GT Haptik e GT Sectra.

2ª reimpressão, maio 2023